mela

яблоко

pera

груша

arancia

апельсин

limone

лимон

uva

виноград

fragola

клубника

cocomero

арбуз

COCCO

КОКОС

banana

банан

lampone

малина

kiwi

киви

ciliegia

вишня

mirtillo

черника

prugna

слива

pesca

персик

fico

инжир

ananas

ананас

mango

манго

cachi

хурма

cavolfiore

цветная капуста

zucchina

цуккини

melanzana

**баклажан

carota

морковь

patata

картофель

cavolo

капуста

pomodoro

помидор

spinacio

шпинат

broccolo

брокколи

piselli

**горох

zucca

тыква

zucca pepona

мускатная тыква

avocado

авокадо

carciofo

артишок

fungo

гриб

ravanello

редиска

aglio

чеснок

cipolla

лук

barbabietola

свекла

porro

лук-порей

peperone

болгарский перец

peperoncino

перец чили

asparago

спаржа

www.ingramcontent.com/pod-product-compliance
Lightning Source LLC
Chambersburg PA
CBHW041606110726
48005CB00002B/309